시조사랑시인선 19

性喆 시조집

사랑
그 영원의 순간이여

열린출판

■ 시인의 말

다하지 않는 여유

어린애 마음으로
꾸밈없이 먹을 갈아

넉넉한 한가함에
담담히 붓을 들어

여백 속 순수함으로
무지의 나를 거누다

■ 차례

시인의 말: 다 하지 않는 여유__5

제1부 사랑 그 영원의 순간이여

시야장반是夜將半 ································· 13
기구동백耆舊冬栢 ································· 14
화중지병花中之病 ································· 15
꽃향기에 취한다면 ······························· 16
별꽃 사랑 ··· 17
단풍 불 ·· 18
추파秋波 ··· 19
눈이 멀어 ··· 20
알고파요 ·· 21
겨울 연정 ··· 22
임 바라기 ··· 23
불쑥 깨어 ··· 24
별똥 ·· 25
불여귀不如歸 ·· 26
동정冬情 ·· 27
사색지정四塞之情 ································· 28
얼마나 될까 ··· 29
달에 비쳐 ·· 30
허공虛空 ·· 31
눈길을 쓸다 ·· 32

자리끼 ··· 33
동백 구운몽 ·· 34
한겨울 연서戀書 ······································ 35
임 오시네 ·· 36
달빛 아래 고백을 회상하며 ···················· 37
객창한등客窓寒燈 ·································· 38
뜬 눈으로 벋놓다 ···································· 39
손수건 연정戀情 ···································· 40
옛길을 걸어가니 ······································ 41
하룻밤 꿈 ·· 42

제2부 情 끊을 수 없는 緣이여

너의 의미 ·· 45
용접 ·· 46
당신 ·· 47
몰랐네 ·· 48
마지막 두 잎새 ·· 49
대추 ·· 50
차 한잔의 추억 ·· 51
연리지 ·· 52
늙은 설움 ·· 53
그런대로 키웠지 ······································ 54
아궁이에서 ·· 55

부모 말씀 아직이네 …………………… 56
엄마의 기다림 ………………………… 57
섬섬초월纖纖初月 ……………………… 58
소녀의 자전거 ………………………… 59
벗 …………………………………… 60
아픈 벗에게 …………………………… 61
문창초 동창회 ………………………… 62
산소에서 ……………………………… 63
소년과 감나무 ………………………… 64
바닷가에서 …………………………… 65
눈사람 ………………………………… 66
땅따먹기 ……………………………… 67
시작도 안 한 야구 …………………… 68
어느 국숫집 이야기 …………………… 69
어떤 수레 ……………………………… 70
시간 지우개 …………………………… 71
달은 겨울나무를 떠나지 못한다 ……… 72
걸으라 한다 …………………………… 74
원주 거돈사지 ………………………… 75

제3부 自然 항상 두 팔을 벌리고 있다

유재留齋 ……………………………… 79
또 하루를 구르네 ……………………… 80

시골생활	81
속박의 자유	82
산골의 봄	83
봄 보리밥	84
게으른 봄 마당	85
봄이 오는 소리	86
버들피리 소리	87
봄비에 묶어	88
백로	89
샛별	90
시냇물	91
구름의 마음	92
한여름 밤	93
망종忘種	94
가을 하늘	95
가을의 자리	96
가을 걱정	97
가을 하늘 잠기다	98
가을 하늘의 시샘	99
달팽이의 하늘	100
마파람 들판에서	101
추수의 삶	102
늦가을에 서니	103
흔들리는 가을	104

게으른 산길 ················· 105
강아지의 첫눈 ··············· 106
고비 ························ 107
백발 ························ 108

제4부 꽃 그 아름다운 절정이여

봄꽃 나들이 ················· 111
소심납매 ···················· 112
꽃 노루귀 ··················· 113
낙화 동백 ··················· 114
하얀 목련의 사랑 ············ 115
갯버들 ······················ 116
바람꽃 눈 날리다 ············ 117
산수유꽃 ···················· 118
히어리 ······················ 119
지렁이풀의 봄 ··············· 120
봄빛 아쉬워 ················· 121
괴불나무 ···················· 122
장미 ························ 123
진달래와 연달래 ············· 124
콩꽃 나빌레라 ··············· 125
땅나리 ······················ 126

능소화凌宵花의 무겁無怯 ·········· 127
은방울꽃 ·········· 128
향일화向日花 ·········· 129
꽃무릇 ·········· 130
물매화 ·········· 131
용담龍膽 ·········· 132
잘린 신나무의 회생 ·········· 133
구절초 ·········· 134
나도 박달나무 ·········· 135
바위 이끼 ·········· 136
참나무 ·········· 137
소나무 ·········· 138
명아주 ·········· 139
파란 민들레 ·········· 140

평설: 섬강의 풍경화 - 김흥열 시인__141
「원주 거돈사지」 작품평__164

제1부

사랑
그 영원의 순간이여

시야장반 是夜將半*

물소리에 달도 숨어
창 매달려 목 내민 밤

쥐죽은 듯 쉬쉬대며
엿보던 뜰 깊숙이

뽀얗게 오른 젖가슴
꽃기운을 피우네

*그날 밤의 한밤중

기구동백耆舊冬栢

캄캄한 골짜기에 흘레구름 엉겨 붙고
달빛도 안겨드는 보드레한 산안개에

치마 속 허전한 동백이
목 떨구고 울고 있다

붉은 정情 바람 태워 저만치 전하려도
눈발만 허겁지겁 달군 치마 덮어 대면

빛바래 떨리는 음성이
빈 마음을 맴돈다

화중지병 花中之病

초저녁 개밥별 떠
서둘러 익힌 밤에

산모퉁이 한갓지게
봄꽃도 만발하면

당신 곁 맴도는 마음
하릴없이 병을 앓네

꽃향기에 취한다면

앞마당 어둑어둑 복사꽃 가지 사이
은은히 스친 달빛 눈앞에 비쳐오자
바람은 향기를 실어
슬그머니 부려놓네

마음속 이미 깊이 붉은 꽃 피어 있어
가슴만 활짝 열어 비춰 줄 수 있다면
아무리 그대 멀어도
내 향기에 취하리

이 밤 끝 허공 속에 소리 없는 단비 되어
고이 잠든 님 곁으로 숨어들 수 있다면
눈물꽃 적신 향기에
금세 취해 올 텐데

별꽃 사랑

어젯밤 내 마음속
그대 별이 잠기더니

낮에도 초롱초롱
온통 별이 빛납니다

가득한 붉은 기운에
눈이 멀어 헤맵니다

단풍 불

산 물든
선홍 빛깔
임 눈동자 머물다가

살굿빛
볼을 타고
입술 붉게 적시고는

수줍은
내 가슴 들어
온 가을을 불 지르네

추파 秋波

1. 추파를 던지다

갈바람 스쳐 가자 물결이 살랑살랑
일렁인 님 바다에 낚싯줄을 드리워서
살짝궁 흔드렁대어
붉은 마음 옭으리

2. 추파에 걸리다

창공에 펼친 바다 흰 구름만 동,동,동
새빨간 낙엽 한 장 바늘에 드리워져
허전해 흔들린 마음
덥석 물어 버리네

눈이 멀어

어둠을 헤쳐가면 빛의 끝에 닿으리니
인생이 너무 짧아 다다르지 못한대도
천년을 삭이고 삭여
그대만을 쫓으리

어둠이 다다른 곳 마지막엔 빛이리니
소중한 사랑마저 눈이 멀어 못 본대도
마음은 그대를 찾아
꽃 한 송이 전하리

알고파요

그대 품 안기어서 앞가슴을 열고파요

가슴에 귀를 대고 심장 소리 듣고파요

나만큼 천둥 치는지 나도 몰래 알고파요

겨울 연정

청계수 씻은 달이 은물결 내비치어
옥류샘 별 곁듯이 눈망울 반짝이면
임 모습 애가 타도록
눈앞으로 완연하다

깊은 산 흰 울타리 함박눈 높게 둘러
간밤 꿈 같이 거닌 산길마저 뒤덮으니
임 향해 달궈진 마음
찬바람을 뒤따른다

덮인 산 또 쌓여도 시린 눈길 되짚으며
한 조각 붉은 마음 우듬지에 묶어 두어
잉걸불 마냥 그대로
가슴 깊이 태우리

저슬내낭 산기슭에 흩어진 갈잎 사이
매화가 연분홍 향 수줍게 흩날리면
그리워 잠 못 이루는
내 깊은 속 아시리

임 바라기

찬 달에 밤새 걸려 허둥대며 빛 쫓더니
밤나무 시름시름 부쩍이나 수척해져
온건히 지새운 밤에
임 바라기 내 신세네

오늘은 혹시 올까 아침부터 기다리니
굳히어 막아서나 산안개만 가득하고
안달 나 터지는 가슴
햇무리가 대신하네

우듬지 넘어 드는 동살이 잡혀 들자
흰 구름 둥실대며 집 안으로 흘러드나
밤 깊어 에이는 마음
나무 끝에 매달렸네

불쑥 깨어

잠 깨어 눈 떠보니 허전한 이부자리
마음은 딴 데 가고 몸만 여기 두었건만
창밖에 시린 그믐달은
무심하게 어딜 가나

외로워 쓰라린 밤 잠들려 뒤스르나
꿈속에 온몸으로 그대 향기 스며들면
정신 줄 묶인 손발이
옴짝달싹할 수가 없네

별똥

아득히 멀지라도
어둠 속의
별 되리니

매일 밤 뜬눈으로
그대 찾아
지새우다

그리던 눈빛 속으로
별똥 되어
떨어지리

불여귀 不如歸

한여름 이우는 밤
스러지는 둥근달에

짖어대는 개소리만
허공으로 가득한데

선잠 속 흔적도 없다
어드메뇨, 온다던 임

행여나 헤매다가
잠결로나 볼까 싶어

꿈속을 뒤척이며
헤집어도 자취 없고

불여귀 不如歸 울음소리만
탄 배알을 뒤훑네

동정 冬情

흐르는 눈구름이
그믐달을 사로잡아

찬 기운 어둠 깊이
슬며시 사라지면

낯꽃핀 그대 얼굴만
어둠살에 부푸네

새벽녘 흰 눈발이
설레발 날리더니

임 오실 눈길 속을
서리어 가리우고

애끓어 고인 눈물만
앞마당을 녹이네

사색지정 四塞之情

된바람 휘몰아쳐
얼어붙은 창가 너머

싸늘한 둥근 달빛
베갯머리 스미어도

불살라 식지 않는 정
누가 이리 지폈나

임 향한 그리움에
밤새도록 꽁꽁 묶여

사색四塞한 한밤중을
잠 잊고 누운 양이

첩첩 산 홀로 쓴 무덤
드러누운 모습이리

얼마나 될까

이 별과 저 별 사이 얼마나 되시려나
아무리 당기어도 다가갈 수가 없어
밤새껏 애가 타도록
바라보는 저 거리는

그대 맘 이곳까지 얼마나 걸리려나
아무리 기다려도 찾아올 기미 없어
오늘도 애를 태우며
지새우는 이 거리는

달에 비쳐

석양이 임 계신 곳
시뻘겋게 달구고서

어둠길 들어서도
달무리로 다가와선

휘영청 하늘 우물 속
내 마음을 담그네

깊은 밤 달을 보며
내 생각은 하시려나

내 얼굴 달에 넘겨
임 보시게 하려다가

달 보고 마음 아플까
비친 모습 거두네

허공 虛空

밤하늘을 허공으로
비우려 비우려도

달은 또 떠올라서
다가서는 둥근 얼굴

지우려 지우려 해도
마음 가득 채우네

눈길을 쓸다

보름달 외로워서
허우적댄 자드락길

아침에 일어나서
지난밤 길을 쓴다

새하얀 눈을 밟아 댄
그 발자국 지우려

자리끼

지난밤 꿈속에도
까만 가슴
썩어들어

목말라 애태우며
물 한 사발
켜고 나도

여전히 남은 갈증은
그대 향한
정精이리

동백 구운몽

한적한 새벽 산사
소복이 눈 내리고

만리성萬里城 쌓던 사연
파묻던 그 날 밤에

밤새껏 뜬눈 지새며
속세 정만 깊어간다

한가득 내린 눈도
타는 불길 못 식히고

돌담 뒤 승방 가득
붉은 기운 드리우면

팔선녀八仙女 떨군 입술에
젊은 성진* 애끓는다

* 구운몽의 주인공

한겨울 연서 戀書

한겨울 헤매 돌던 나뭇잎도 쓸쓸해서
서로를 위로하려 한구석에 엉켜서면
내 마음 찬바람 실려
그대에게 달린다

허전해 글을 쓰나 글을 쓰니 더 외로워
발길도 얼어붙고 조급함만 깊어지니
하룻정 부질없는 밤,
한겨울이 두렵다

임 오시네

그림자 길어지고
샛별이 떠 비추니

바람이 시샘하여
해 질 녘 싸늘해도

가슴을 휘젓는 불길
저녁놀로 타오르네

작은 곰 겨우 눈 떠
부스스 깜박이고

닻별이 가슴 밝혀
밤하늘 끌어안자

발자국 다가선 길로
둥근 달이 환하네

달빛 아래 고백을 회상하며

후미진 산모퉁이 전나무 가지 뻗어
기우는 달빛 따라 밤하늘을 더듬다가
훌훌훌 두레박질로
달 우물에 손을 씻네

괴이는 한 가슴에 속마음을 꺼내 펼쳐
달 비친 그대 얼굴 둥근 볼이 붉어지고
도도록 환한 입술 위
내 입술을 드리웠지

희미한 한등寒燈 빛이 흔들대던 그날 밤에
떠나간 창문가로 달빛도 기우듬해
그대의 살 향기 마냥
잘게 잘게 부서졌지

객창한등 客窓寒燈

슬어진 어둠 따라
마음도 기울어져

미소만 어슴푸레
한 가슴에 그어놓고

다가온 이별의 시간
준비하고 있었네

밤 길어 어둑해도
내딛던 그대 발길

어둠도 덮지 못해
눈물만 떨구면서

창가에 희미한 등불로
뒷모습만 움켜줬네

뜬 눈으로 벋놓다

주인 잃은 신발 소리 붉은 놀로 숨어들고
달뜬 지 얼마라고 쥐죽은 듯 깊은 밤에
잠자리 찾지 못하고
뜬눈으로 헤매네

막막한 창살 갇혀 벋놓으며 지새우고
새벽녘 찬 기운도 이불 스며 으쓸한데
올빼미 아침 햇살도
안개 겨워 무거워라

손수건 연정戀情

예쁜 꽃
수가 놓인
마음 비단 펼치고선

엇갈린
정情을 덮어
뒤돌아 눈물지며

다시는
울지 않으리
닦아내고 또 닦는다

옛길을 걸어가니

옛길을 걸어가나
그날은 가고 없고

기다림 설레어도
그대는 거기 없어

두 볼에 흐르는 눈물
닦을 일도 없어라

하룻밤 꿈

새벽녘 내리는 비 호박잎에 떨구우자
푸성귀 깜짝 놀라 잎 젖히며 드러눕네
내 모습 영락없어라,
간당이는 여린 하루

산 것도 같지 않은 또 하루가 지나가고
슬며시 에움길 밤 옛사랑이 일어나니
어느새 들어선 먼동,
허방다리 꿈이었나

제2부
情 끊을 수 없는 緣이여

너의 의미

하루를 두드리는 싱그러운 이슬 맺혀
안개빛 하늘하늘 정겹게 다가서면
연분홍 자오록한 연꽃에 내 마음도 설레네

은은한 아침 소리 울림이 너무 깊어
먼 미소 소리 없이 헤진 마음 보담아서
안개 속 외로움마저 허공으로 사라지네

함께한 무시無始 하루 천금의 인생살이
수천 겁 사랑으로 맺어진 평생 인연
떨어져 그리운 마음 더 깊어진 사랑이리

용접

외로운 둘이 만나
한 몸으로 살자는데

붉은 불 어떠하리
파란 불은 어떠하리

엉겨진 은빛 눈물로
만리장성 쌓는다

당신

바람에 말라 비틀 힘들여 영근 세상
우연함이 필연 되어 뿌리 얽혀 살았으나
본성이 무뚝뚝해서 속마음도 못 전했네

함께한 오랜 세월 쌓인 정이 얼마인가
모진 풍파 헤쳐 오며 힘한 시절 겪었으나
따뜻한 당신 정으로 결함 메워 살아가네

몰랐네

웃으면 웃을수록 기쁜 줄만 알았네
서글피 울어대도 잠깐인 줄 알았네

가녀린 그대 가슴이
찢어진 줄 몰랐네

그대도 모르면서 사랑한 줄 알았네
곁에만 있어 주면 행복한 줄 알았네

눈물을 삼켜가면서
평생 운 줄 몰랐네

마지막 두 잎새

막바지 갈바람이 벚나무를 흔들어도
빈 가지 의지한 채 끝까지 남은 두 잎
서로를 걱정하느라
제 아픔은 몰라라

메마른 하얀 구름 허공으로 잠겨 들어
잎자루 지탱한 채 뒤틀려 야위어도
넋 내려 사라지기 전
같이해서 다행이다

대추

가지가 부러질 듯
때 늦게 열려서는

새색시 가슴으로
던져지던 붉은 대추

만날 적 그 모습으로
제사상에 있으리

차 한잔의 추억

고이 잡은
차 한 잔에
들 내음 녹아들어

한 줄기
타고 오른
바람결 아지랑이

풋풋한
추억 흔들며
그대 얼굴 넘실댄다

연리지

놓인 연緣 한恨이 될까
얽힌 가지 더 얽으며

뿌리는 달랐어도
하나 될 운명으로

서로를 부둥켜안고
허공 틀어 오르네

묶인 정情 한恨이 될까
간절하게 손 내밀어

가슴에 무덤을 파
둘에서 하나 되니

떼려야 뗄 수 없는 몸
비익조比翼鳥*가 날아드네

*백거이 '장한가(長恨歌)'

늙은 설움

죽어라 아쉬워서 붙어만 댕기다가
서리 인 머리카락 늦가을 다가서니
늙어서 쓸데없다고
눈총 주며 내치네

그런대로 키웠지

핏줄로 내린 가난 질기게 서글퍼도
가슴 속 응어리들 평생을 검게 태워
칠 남매
별 내색 없이
그런대로 키웠지

정신이 혼미했던 해 넘는 투병 끝에
마지막 이생의 끝 눈망울로 물었지요
그래도
내 너희들 다
그런대로 키웠지?

아궁이에서

맨 연기 콜록대며
아궁이 앞 쪼그려선

희나리에 불 댕기면
찌개도 같이 운다

배곯은 자식들 위해
타고 있는 넋이던가

부모 말씀 아직이네

알 것 다 아는 나이
차분할 줄 알았는데

아집만 들어차서
끓는 속 부글대니

조용히 본 듯 못 본 듯
내려놓기 어렵네

알아도 모르는 척
거리껴도 괜찮은 척

잠깐의 무심함에
식은 속 편안할걸

성질만 죽이라 하던
부모 말씀 멎었네

엄마의 기다림

선명한 그믐달은
기다리던 시간 채워

아침을 밝히려는
둥근 기운 움트려니

애타는 두 눈동자엔
별빛들만 흐릿하다

가로등 불빛 아래
센 머리가 쌓여 와도

엄마가 제 그림자
밟고 산 줄 여태 몰라

밤새워 젖은 골목길엔
억간장만 무너진다

섬섬초월纖纖初月

별 살라 섬섬초월纖纖初月
둥글도록 살찌우고

포근히 온몸 가득
어두운 밤 껴안으니

젖무덤 엄마를 찾나,
가슴 속을 파고든다

소녀의 자전거

철부지 몸부림에 마지못해 딸을 태워
양평길 페달 밟고 백오십 리 힘에 겨워
묵묵히 한숨 뱉으며
담배 지펴 무신다

스치는 마을 따라 줄지어 선 코스모스
따뜻한 아빠의 등 든든하게 움켜쥐면
머리칼 바람 날리며
소녀 마음 하늘댄다

추석이 다가오면 져주신 듯 태우고선
그 길 끝 마지막에 잊지 않고 하신 말씀
"이 년이 따라나서서
맥새가리 앵간 되네*"

* 힘이 어지간히 든다 (강원도 방언)

벗

늘 우리 함께 하네
좋을 때나 힘들 때나

같이 한 오랜 만남
수천 번의 명상이지

한 바다 그대 가슴에
내 마음을 비추네

아픈 벗에게
- 겨울 청계산에서

까치설 느지막이 어린 시절 벗을 만나
지난해 회고하며 수다스레 길 오르나
뿌옇게 흩어진 하늘 발걸음도 흐릿하다

옥녀봉 앞가슴이 눈앞에 봉긋한데
갈대는 뼈만 남아 떠나는 해 손 흔들고
주인장 설 쇠러 갔나 빈 둥지가 허전하다

매봉 밑 산등성이 굽이친 세월 속에
골짜기 겨울 안고 청계물이 흘러내려
쟁쟁히 풀어헤치며 오는 새해 재촉한다

문門바위 정기 받아 소나무가 높푸르듯
이수봉二壽峰 뿌려 놓은 겹목숨 바위처럼
벗이여, 만수무강萬壽無疆을 겹도록 누리리라

문창초 동창회

있는 것들 없는 것들 술자리에 모두 모여
귀먹어 듣질 않고 입만 살아 제 말들만
어쨌든 살아 있으니
오늘도 또 보는구나

잘난 건 자식 자랑 아픈 건 약봉지 자랑
죽겠다 떠들던 놈 여전히 팔팔하니
가시밭 어린 시절이
헤쳐나온 비결이다

우뚝 선 관악산은 정기 뻗어 그대론데
학교 앞 마장교*도 흔적 없이 사라졌네
몇 번 더 만나겠는가,
오늘 위해 건배하자

* 동작구 신대방동에 있던 다리이다. 안양천의 지류인 대방천은 옛날 이곳에 마장(馬場)이 있어 마장천(馬場川)이라고 불렀고, 다리 이름도 여기서 유래되었다. 일명 마장내다리라고도 하였다.

산소에서
   - 먼저 간 지원이에게

비 내린 마을 입구 대추나무 주렁대고
산소길 백일홍이 각양각색 화려한 게
딱하니
살아생전에
네 젊은 적 모습이라

나한테 네가 언제 절 한 번을 한 적 있나
내 오늘 너한테서 절 손해만 본 듯하다
이 같은
대우받자고
그리 빨리 떠난 건가

쓸쓸한 네 하루가 문득문득 스치는데
무덤 위 쑥 뿌리는 왜 그리도 부여잡나
네 미소
제비꽃에 보여
차마 뽑지 못했네

소년과 감나무

어릴 적 코흘리개 가지 끝에 발목 세워
두 발을 동동 뛰며 첫 감을 따먹더니
어느새 백발옹(翁) 되어
휘청이며 감을 따네

부푼 꿈 푸른 청년 객지 나가 기척 없고
꿈 잃은 노인 되어 그늘 밑에 기대서니
비쭉이 걸음걸이에
엉거주춤 지게 머리

떨궈진 모진 세월 방황하다 돌아와도
감나무 우뚝 서서 겨울 길을 밝혀주니
까치밥 떨구는 날에
감나무 밑 묻히리

바닷가에서

예 놀던 바닷가에
지친 마음 삭이려니

소년은 어딜 가고
두꺼비집 헌 지 오래

멀찍이 파란 파도만
가을 노을 삭이네

눈사람

첫눈에 들뜬 마음
호호 불며 만든 아이

그대로 잘 있을까
밤새도록 노심초사

아이구!
피곤했구나,
드러누운 눈사람

땅따먹기

손가락 힘껏 튕겨
부풀린 희망의 끝

마지막 손가락에
돌아가면 내 땅인데

사글세
마당 가득히
봄날 꿈이 서리네

시작도 안 한 야구

몇 명의 아이들이 야구를 하고 있다

어른이 지나가며
궁금해서 물었다

"너희들, 몇 대 몇이니?"
"이십오 대 영이요."

"너희가 이기고 있는 거니?" 하고 묻자

"아니요, 지고 있어요."
"그러니? 안됐구나."

"아녜요, 우리는 아직
공격도 안 한걸요."

어느 국숫집 이야기

삼각지 뒷골목에 할머니 옛 국숫집

허름한 탁자 4개,
2천 원에 양 무제한

진하게 멸치를 우려
국물 맛은 한결같다

허기진 노숙자가 배 채우고 도망가도

"맛있게 먹었으면
그게 바로 밥값이다."

"괜찮아, 그냥 걸어가.
넘어지면 다친다."

어떤 수레

깊게 팬 주름처럼
얼기설기 얽은 줄에

종이 묶음 떨어질까
손수레도 느릿느릿

불룩한 밥 한 사발을
굽은 등이 끌고 간다

시간 지우개

스치고 지날 계절
그리 많이 남지 않아

외진 곳 기죽어서
망설임만 늘어가니

기세 찬 도전의 날들
그 언제적 이야긴가

노을 속 앉아 보니
이제야 알겠구나

한 시절 푸르름도
기억 속에 흐릿하니

시간은 흔적을 지우며
흘러가는 지우개다

달은 겨울나무를 떠나지 못한다

낙엽 한 잎 떨구어 바람 소리 잠재우고
앙상한 잔가지로 손을 펴 휘저으며
미친 듯 산발한 나무가 허공 속을 헤맸다

보일 것, 못 보일 것 다 내보인 몸뚱이로
내미는 발걸음이 얼어 터져 부러져도
던져진 길이었기에 시간 앞에 나섰다

환하게 달무리 진 한겨울 밤을 향해
헐거워진 팔뚝마저 내딛다 꺾이어도
손길을 내미는 것이 혼자만은 아닐 게다

먹구름 가린 달이 몸 밝혀 비추는 건
자신은 깨어지지 않아서가 아니다
지상에 서러운 눈빛이 더 애달픈 탓이다

찬 기운 이겨 내려 땅속 깊이 온기 찾아
간절히 걸음 하는 건 혼자만은 아니다

따뜻이 다가선 달빛도 함께하며 서 있다

둥근 달 나무에 걸려 떠나지 못하는 건
뒤틀린 세상살이 같이 서서 위로하며
쓰라린 겨울바람을 이겨내자는 거다

걸으라 한다

강물은 흘러가며 떠나라 찰방대고
저 산은 우뚝 서서 머물라 막아서네
가벼이 머물지 못해
미련 없이 길을 뜨네

이 길 끝 어떤 줄을 어떻게 모르랴만
좋으나 싫으나 가야 하는 길이라네
태어나 떠나왔기에
돌아가는 길이라네

원주 거돈사지

부론길 천년사지 굽이 따라 들어서면
천년 된 느티나무 기울어 쓰러질 듯
눈 익은 삼층석탑만 빈 절터에 우뚝하다

바위 옷 돌계단이 옛 영화를 보여주나
황량한 금당터엔 주춧돌만 남아 있어
강당터 큰스님 설법 허공으로 떠돈다

비운의 국사탑은 허물어져 한성 가서
연꽃문紋 거북등 위 천년 용은 갈 곳 잃고
쓸쓸히 승묘탑비만 탑이 없어 애탄다

제3부

自然
항상 두 팔을 벌리고 있다

유재留齋
   - 귀촌의 아침

차분히 드리우는
아침 풍경 젖어 들어

동창을 활짝 열고
읽다 만 책 눈 주다가

대문 앞 서성거리며
말 나눌 이 기다린다

또 하루를 구르네

서는 듯 흐르는 듯 흰 구름이 걸친 새벽
가지 끝 연한 풀빛 서서히 물이 올라
설핏한
새 둥지에도
다시 봄은 오겠네

낡은 날 감추려고 아침부터 떨구는 비
방울진 합창 소리 해맑게 몰고 와서
철없는
모난 돌멩이
또 하루를 구르겠네

시골생활

떨어진 씨앗들이 잡초처럼 왔다 가듯
시작은 우렁차나 초라하게 사라지니
사는 게
별나지도 않아
지나치는 것일 뿐

목줄 건 도시 생활 변덕스런 연緣이 많아
허상에 눈 가려진 쓸모없는 일인데도
특별히
인정人情은 없어
사는 것도 삭막했지

생각을 떠난 나날 몸 굴리니 속임 없어
맨땅에 맨살 비벼 대지 숨결 느끼면서
몸뚱이
있는 그대로
새 아침을 보누나

속박의 자유

햇살에 바람 담아 흐르는 땀 식혀 개고
한 치에 한 섬 먹고 두 치에 두 섬 먹어
발소리 들으나 마나
자랄 것은 자라리

계절을 뒤따르는 다름없는 일상에서
나무 위 쏟아지는 빗소리에 기뻐하며
허기에 한술 밥 뜨고
누워 자면 족하리

달빛이 내려앉는 여린 잎과 속삭이고
흐르는 구름 속에 빛나는 별 노래하다
술 한 잔 얼큰 취해서
온 세상을 가지리

스스로 미소 짓는 이 속박은 자유리니
마지막 인생 방점 어떻게 찍을지는
사람 뜻 절대 아니니
그 구속은 벗으리

산골의 봄

어제 간 밭이랑에 하얀 서리 내려앉고
산길로 뿌연 안개 스멀스멀 기어가니
일찍이 동은 텄으나
그늘 감아 허(虛)하다

멎은 듯 산골에도 시간은 흘러들어
산수유 잔가지 끝 꽃몽우리 내어다니
오롯이 다가서는 봄
발걸음이 수줍다

봄 보리밥

샛바람 풋풋하게
한겨울을 비벼 넣어

단 향기 터트리며
파릇파릇 돋아나면

온 땅이 아찔아찔해
정신 줄을 떨구네

보리밥 한술 떠서
첫 상추에 살짝 얹어

산달래 살 겹쳐서
폭 파묻어 올려 주면

몸으로 감아든 향에
봄 핏줄이 치솟네

게으른 봄 마당

봄 들임 게을러져
마당 꽃도 느려지자

아기새 지저귀며
애를 태워 재촉하고

불청객 잡초만 홀로
주인 눈치 살핀다

봄이 오는 소리

어린 봄 갯버들이 여린 풀빛 들기도 전
지난밤 살얼음이 살금살금 녹더니만
개울물 거침도 없이
큰 바위를
두드리네

물소리 소란 떨며 오랜 침묵 깨트리고
무심히 지나려다 모난 업보 애달파서
쪼개진 둥근 방울로
돌 감싸며
위로하네

바윗돌 앞길 막아 물빛마저 멍이 들고
큰 바위 기대고 선 홍매화 가지마다
햇살이 내려앉아서
물방울을
봉긋 다네

버들피리 소리

햇살에 눈이 녹자
실개천도 몸을 풀면

얼음을 뚫고 오는
봄 물소리 앞세우고

버들이 피리를 불며
나긋나긋 춤춘다

봄비에 묶어

샛바람 산들산들
꽃망울에 장난치며

창가에 또르르르
물방울로 굴러들면

묵은 때 빗물에 묶어
바람 태워 보낸다

백로

긴 목을 곧추세워
천천히 한 발짝씩

지나온 쓰린 발길
강물에 지우다가

외발로 그리움 세워
머언 산을 바라본다

샛별

하늘이 내려와서
쪽빛으로 물든 개울

몸 담근 물 거슬러
은하수에 다다르자

샛별이
초승달 타고
반짝이며 노를 젓네

시냇물

시냇물 기는 소리
머리맡에 베고 자면

물소리 옛말대로
한밤중이 그윽하다

내일은 물가로 나가
세상 때나 닦으리

땀으로 젖은 옷을
시냇물에 담궈 내면

쏟아진 그늘 잠에
한나절이 건너간다

이태백 버린 산월山月은
언제부터 날 따랐나*

* 이백 '山月隨人歸(산월수인귀)'

구름의 마음

나부시 하얀 구름 하늘빛 얇은 가사袈裟
혼탁한 무진 세상 내리꽂는 뙤약볕을
새하얀 마음 하나로
거침없이 막아서네

두둥실 층층 구름 하늘에 펼친 치마
황량한 허허벌판 타는 풀이 애처로워
뜨거운 여름 햇살을
쓰다듬어 풀어주네

한여름 밤

한적한 산골 집에 어둠이 잠겨 들고
바람이 소리 낮춰 가슴에 스쳐올 때
속마저 잊힌 아픔에 뉘엿거릴 때가 있다

앞마당 밤나무가 어둠 속에 사라질 때
살며시 다가오는 삶의 끝이 두려워서
마지막 미련에 닥친 듯 발버둥 칠 때가 있다

까만 밤 여름비에 정신은 눈이 멀어
구슬픈 밤빗소리 흐느적거릴 때엔
어머니 살아 서푼 삶이 만 냥 무게로 쪄 누른다

허송으로 스쳐 지난 속절없는 어린 날에
닳아빠진 몸뚱이를 비웃듯 말똥대는 눈
오늘 밤 힘이 드는 건 허투루 살아와서지

어슴푸레 내리치는 칼 비녀가 무서워서
밤비 속 마록마록 헛잠을 청해 본다,
달라진 내일의 나는 오늘 다른 나이길

망종忘種

모내기, 보리 베기 부지깽이 바쁜 철에
날 궂어 비만 오니 올해는 풍년일 터
망종忘種이 사월 들어서
보리서는 안 먹겠다

푸른 빛 매화 열매 사마귀가 망을 봐도
잡초가 잠깐 볕에 이곳저곳 솟아나나
온종일 햇살 센 것이
풀 뽑기도 두렵다

가을 하늘

갈맷빛 여름 나무
하늘을 쓸어대고

가을 녘 한숨 돌려
구름도 치워 내니

하늘은 걱정도 없어
깊이 잠겨 졸고 있다

가을 걱정

천 석을 올린다는
가을 안개 희뿌연데

참새는 떼를 지어
아침부터 굿을 쳐도

누런 벼 그 속을 몰라
살랑살랑 춤만 춘다

두견새 소쩍 울길
농부는 바라지만

호미 닮아 굽은 등은
아쉬움만 가득해서

가을로 저무는 가슴
노을 따라 멍든다

가을 하늘 잠기다

창창한 하늘 따라
새 한 마리 스쳐 가니

부리 끝 다가와서
닿을까 전전긍긍

호숫물 쏟아질까 봐
깊이깊이 잠기누나

가을 하늘의 시샘

눈멀어 젊었던 날
부러워서 샘을 내나

하늘빛 어우러진
억새들이 부비대고

불잉걸 가슴을 휘저어
저녁놀로 타오르네

달팽이의 하늘

싸늘한 밤기운에
별빛마저 떨더니만

내려앉은 찬 이슬에
달팽이가 잠을 깨어

새파란 하늘 따려고
배춧잎을 송송 뚫네

마파람 들판에서

호미질 풀 한 짐이
가을 나락 한 섬이라

마파람 불어와도
낫과 삽은 녹 안 슬어

무논 벼 혀를 빼물고
안개비에 쑥쑥 크네

잠자리 바람 타고
가을 하늘 실어 오고

메뚜기도 한철 건너
들판이 황금이라

외양간 갈 빛 송아지도
여물통을 키우란다

추수의 삶

쌓이는 볏짚 더미
외양간 소 눈 커지고

툇마루 달 따라서
노느매기 따라 크니

낫과 삽 일군 하루로
농군살이 족하네

늦가을에 서니

단풍도 빛바래어 먼 산 주름 흐릿한데
강둑길 누런 갈대 야윈 칼을 누여대며
하늘 녘 채찍이 되어
빈 가슴을 때리네

끝자락 가을 하늘 노을 속에 묻혀갈 때
젖물 든 엄마 달이 둥글게 떠오르니
누군들 가을에 들어
고개 들 수 있으리

흔들리는 가을

깊어진 하늘 따라 흰 구름이 흘러가고

가을이 둥실둥실 먼 들에 내려앉자

억새들 손을 흔들며

바람결에 살랑이네

흩어진 창공으로 참새들이 바빠지고

가을이 울긋불긋 산으로 멀어지자

분분히 해는 저물어

총각 맘을 흔드네

게으른 산길

게으른 몸 수레에
나잇살만 채워 들어

세월 지고 나르자니
버거워서 쩔쩔맨다

욕심은 못 비우고서는
썩을 몸만 찌웠네

한겨울 느릿느릿
아직은 오지 않아

새해가 바뀌어도
산골 추위 여태 없어

저 앞에 스님 발걸음은
산뜻하니 가볍다

강아지의 첫눈

대숲에 그리매가 겨울을 재촉하듯
밤 깊이 그늘 깔고 달빛에 칼 가르며
아득한 작은 별에게
땅 소식을 전해주네

스치는 바람결로 속삭이나 싶더니만
온 세상 애가 끓는 정적의 시간 뒤로
댓잎 위 새하얀 눈발이
새벽 쌓아 올리네

앞마당 섬돌 위에 하얀 기운 스며 들자
홀로 된 흰둥이가 설운 잠을 못 이루고
하늘에 혀를 내밀며
젖은 코만 다시네

고비

봄꽃이
샘이 나서
얼녹은 간밤 눈이

풀 잎새
달을 달아
피어난 이슬방울

청지淸池 끝
스치는 바람에
일렁이는 한고비

백발

외진 골 홀로 박혀
밀짚모자 움켜쥐고

명이에 당귀 따며
한가로이 즐기려니

어느새
닥쳐온 백발
노을빛에 간당이네

제4부

꽃
그 아름다운 절정이여

봄꽃 나들이

꽃다지 다지다지 봄맞이꽃 봄을 맞고
꽃받이 바지바지 참꽃마리 먼저 피어
봄내음
앞뜰에 가득
나생이가 파릇파릇

므은들 민들레에 산꽃, 참꽃, 진달래꽃
봄바람 나래 펼쳐 비꽃 쏟는 벚꽃 천지
봄물 든
젊은 연인들
지르밟고 사뿐사뿐

소심납매

된바람 날리어도
겹겹이 움켜쥐고

새색시 노랑 치마
동글게 활짝 펼쳐

새하얀 가슴 흔들어
동장군을 안았어라

꽃 노루귀

보송한 솜털 달고
도도록이 피어올라

새하얀 속눈썹을
살포시 치켜뜨곤

차로롬 구름꽃 하나
연분홍빛 가슴 연다

송이 눈 살짝 앉자
옴짝대는 노루의 귀

두메 향 스며들어
품속에 배는 찰나

꽃대 끝 싱긋 미소로
노루의 꿈 들려온다

낙화 동백

된바람 흔들어도 파란 잎이 한결같아
낙화는 애달파도 꽃은 더욱 붉게 피어
가지 속 일편단심一片丹心이
땅에서도 계속 되네

수면 위 떨어진 꽃 붉은 입술 미동 없고
사방에 꽃물결만 잔잔하게 퍼져가니
바람에 너붓대지 않아
향기는 더 그윽하네

하얀 목련의 사랑

보시시 뽀얀 솜털 봄 매단 봉오리들
목련별 하얀 송이 하늘로 차오르면
망설일 시간도 없이
햇살지기 반짝인다

활짝 편 한 잎 한 잎 창공을 달구다가
하느작 나비 되어 허공으로 떨어지면
타는 속 참지 못하고
하얀 사랑 그을린다

갯버들

산 너머 소식 들고
시냇물도 흘러들어

갯버들 흰 솜털에
붉은 기운 살짝 드니

새벽녘 가지 사이로
그대 얼굴 둥실 떴네

바람꽃 눈 날리다

소복이 눈 덮은 길
빼꼼 내민 하얀 꽃에

가붓이 지나치는
외마디 긴 바람 소리

떨리며 꽃은 말한다,
숨죽이는 향기로

산수유꽃

찢어진 겨울 안고
막 벙그는 산수유꽃

도톰한 꽃망울에
노랑 입술 말문 떼니

봄이란 글자를 새겨
별 향기로 터지네

히어리

굼뜬 봄에 속 터질 듯
빈 가지가 갑갑해서

샛노란 호롱불을
대롱대롱 걸었더니

몸달아 새빨간 입술
봄맛 빠져 핥고 있네

지렁이풀*의 봄

얼음이 녹아들어
지렁이가 몸을 풀자

붉은 옷 차려입고
언 땅 뚫고 올라서면

말똥은 흔적도 없고
장미꽃만 빨개라

* 말똥비름

봄빛 아쉬워

풀밭에 하늘대며 꽃받이가 솟아나고
창공의 푸른빛을 꽃마리가 받아 입어
온 세상 말그스름하게
하늘빛에 물드네

초록빛 제 잎사귀 산불꽃*이 달게 달고
붉은 끝 지칭개는 소복이 숱 짓찧어
가녀린 자줏빛으로
하늘에다 글을 다네

누나의 치마 따라 토끼풀이 번져 나고
거니는 발끝마다 앳된 생명 흔들리면
푸르른 봄빛 아쉬워
풀밭 편히 밟으랴

* 산괴불주머니

괴불나무

뒷마당 그늘 찾은 한 그루 괴불나무
하얀 꽃, 노란 꽃에 금은화*라 불리지
그 꽃이 금과 은이길
사람들이 바래서네

벌 나비 떼를 지어 한바탕 흘레붙어
하얀 꽃 신방 넘어 노랗게 얼굴 뜨고
이제는 꿀이 없다고
벌들에게 알려주네

얻은 벌 고맙다고 다른 흰 꽃 향해 갈 때
사람은 욕심 가득 금과 은만 생각하니
꽃보다 아름답다는
그 사람은 어디 있나

*金銀花

장미

찔레꽃 하얀 향기
빨갛게 익었구나

열렬히 사랑 쫓아
가슴에 안으려다

꽃송이 홀린 유혹이
성난 가시 찔렸네

진달래와 연달래

진달래는 먹는 꽃
먹을수록 배고픈 꽃*

이파리 어데 두고 먹으라고 붉어진 꽃

추억 속 허기 삼키며
속 달래던 진짜 꽃

연달래**는 못 먹는 꽃
눈으로만 먹는 꽃

연분홍 어데 두고 영산홍 빨개져서

길가에 불만 지피다
설운 정만 떨군 개꽃

 * 조연현 '진달래'
** 철쭉

콩꽃 나빌레라

화창한 하늘빛에
초록 잎도 감아 들어

꽃망울 터지듯이
온 세상이 일어나면

가붓이 봄 처녀 가슴
하얀 불꽃 튕기네

샛바람 신접 나서
시부저기 달아올라

스치는 콩꽃 처녀
볼 살티도 발그스름

나비는 물오른 향에
꽃 치마 속 들추네

땅나리

골짜기 구불구불
오시는 길 너무 좁아

임 발길 흩어질까
새색시 등 매달고

매무새 가다듬고선
땅만 보고 서 있다

숲 깊어 어두운 길
주홍 달 환히 비춰

빨갛게 물오른 정
살포시 쉬쉬한 채

귀 쫑긋 젖혀 세우고
발걸음만 듣고 있다

능소화凌宵花 의 무겁無怯

얄궂은 주홍 입술 삐죽이 내밀고선
하늘마저 대적할 듯 꼿꼿이 고개 들어
온 땅속 정기를 빨아
창공으로 불어대네

뭇 산꽃 옹글질 때 가냘픈 손 펼치고선
허공을 움켜쥐며 날아갈 듯 우뚝 서니
하늘을 찌르는 무겁無怯
누가 그를 따르리오

은방울꽃
- 경주박물관에서

박물관 화단 아래
너른 잎 살짝 드니

작은 종 줄을 세워
흔드는 은방울꽃

에밀레 먹고 자라난
구도 소리 애달프다

향일화 向日花

떨구는 해바라기
가는 비도 무섭구나

한 줄기 빗방울도
힘겹게 걸쳐지니

업보인 가는 허리가
휘청인 지 오래구나

수천 근 짊어진 짐
고개 세워 견디어도

허망함 깨달아서
곧 허리 숙이리니

소싯적 나도 있었다,
가뿐하게 짊어진 날

꽃무릇

솜구름 몽글몽글
노니는 산사 입구

긴 여름 속절없이
보낸 게 어제인데

속눈썹 길게 올리고
넌 누구를 기다리나

갈바람 타고 오실
여린 님 못 보실까

빨갛게 달아올라
정열을 토하지만

미련만 끌어안으니
딱한 목만 멍든다

물매화

다섯 폭 흰 치마를
다소곳이 펴고 앉아

春有色 少年 가슴에
도도록이 찍은 입술

영롱한 이슬 눈망울
도투락 딴 그녀네

용담 龍膽

구름도 한 점 없이 하늘 깊이 잠긴 바다
푸르름 풀어헤쳐 풀숲으로 내려앉아
햇살을 가다듬으며
작은 별들 반짝인다

머나먼 파란 별이 어둠 떨궈 추락하며
오름길 용의 쓸개 별꽃 끝에 앗아 다니
세상에 쓰디쓴 맛을
자기 홀로 숨겼다

소복이 서로 안고 쪽빛 세워 반짝이며
한갓진 숲 하늘로 활짝 웃는 꽃송이들
가을이 추락한다고
쓸쓸한 건 아니다

잘린 신나무의 회생

톱날에 쌩쌩 돌자 무참히 잘린 나무
새하얀 둥근 속살 허공에 던져놓고
짓무른 화를 식히며
검은 이끼 두르네

해묵은 쓰라림도 송곳처럼 아릴 텐데
밑 둥지 슬픈 상처 사방으로 내찌르며
푸르른 미련을 찾아
새 가지를 뻗었네

가을 녘 깊게 파인 겹톱니 이파리가
석양빛 사무치게 물들이며 밑동 덮어
쓰라린 흔적 가리니
잘린 시절 이겼네

구절초

달빛이 어둑어둑 바람에 속삭일 때
하늘 별 다 내려와 하얀 등불 흔들대면
밤새껏 깊어진 가을
온 마을을 휘감네

수줍은 연분홍빛 동東 햇살에 희게 익어
아홉 절 마디마다 벌, 나비 날아들어
달콤한 하늘빛 사랑
하얀 뜰에 넘치네

담담潭潭한 하늘 잠겨 느린 구름 흘러가고
새하얀 한복 입은 선모초仙母草가 산들대니
어머니 나들이 나선
한창 시절 모습이네

나도 박달나무*

손발도 붉게 물든
산처녀가 옷을 벗어

빠알간 잎사귀로
가을 길 만산홍엽萬山紅葉

하늘도 붉은 별 가득
꽉 찬 나도 박달이네

* 복자기나무

바위 이끼

살며시 햇살 배어
배시시 내민 얼굴

간밤에 내린 눈을
온몸으로 녹여내니

희망의 초록빛 구슬
영롱하게 비치네

참나무

갈 길도 쪼개져서
허둥대는 이슥한 밤

앞길 선 갈참나무
달빛 나눠 조각내며

겨울눈 지키겠다고
갈색 잎도 못 떨궜네

소나무

소나무 푸르르게
우뚝 선 듯 보여도

잎 떨궈 새로 내며
쓰라린 속 헐벗은 건

끝까지 변함이 없이
여무지려 함이다

명아주

꽃 피는 봄 다다라 푸른 잎 돋아 올라
차곡히 가을 달고 붉은 심장 다시 뛰어
자기 몸 돌보지 않고
쪼그리며 달구네

부단히 살아온 삶 차분히 내려앉아
마지막 단단한 몸 가벼이 하느작대
같은 삶 청려장青藜杖으로
백세청풍百世淸風 건네네

시월 초 노인의 날 명아주 지팡이를
어른께 주어봐야 그제야 무슨 소용
사회가 어서 나서서
그 지팡이 돼야지

파란 민들레

계절이 구름 따라 하늘하늘 흘러가도
땅바닥 죽은 듯이 엎드린 풀이 있어
한여름 잘난 시절도 겸손하게 기어간다

메마른 거친 땅에 유일한 벗이 되어
잔뿌리 부여잡고 푸르게 굽이치며
끝 모를 가는 숨결로 악착같이 피어난다

번개 쳐 모난 듯이 이파리들 나불거져
남 혹시 다칠까 봐 사방으로 조심하며
구석진 그늘에서도 두루두루 둘러 핀다

묵묵히 제 자리서 속 있는 듯 속없는 듯
시드는 겨울에도 다그쳐* 파래질 뿐
마지막 끝자리서도 추하게 지지 않는다

* 아주 악착같다

■ 평설

섬강의 풍경화

김흥열
(사단법인 한국시조협회 명예이사장)

Ⅰ.

코로나에 발목 잡힌 우리의 요즘 삶은 자유를 빼앗긴 날들로 점철點綴된 듯 우울하기만 하다. 이웃과는 물론이고 혈연의 관계까지 단절을 강요받으며 기약 없는 날들이 지속하고 있다. 이런 지경에 성철 시인의 시조집 『사랑, 그 영원의 순간이여』를 열람하면서 큰 기쁨과 위안을 얻는다. 진심으로 시조집 상재를 축하드린다.

성철 시인은 오랫동안 자유시를 써 오다가 우연한 기회에 시조를 접하고 (사)한국시조협회를 통하여 등단하신 분이다. 시인은 굴지의 대기업에서 근무해 오다가 퇴직한 뒤 원주시 문막읍의 한 아늑한 시골 마을로 귀농을 결심하고 아름다운 자연과 더불어 여생을 즐기는 분으로 알고 있다. 시를 쓰는 분들의 본성은 원초적으로 감성적이며 심성이 착하다. 심성이 착하다는 말은 성품이 어질고 온유하다는 말이기도 하다. 시는 그 사람 마음에서 나오는 향기이기 때문이다.

우리는 왜 시詩를 쓰는가? 누구나 시를 쓸 수는 있지만, 시에서 사용된 언어가 시인의 언어詩語가 아니면 아름다움을 느끼기는 참 어려울 것이다. 그래서 시인은 일상적 언어가 아닌 시어詩語로 말을 해야 한다. 시어를 구축함에 있어 추상적 언어보다도 구체적인 언어로 빗대어 표현해야 맛이 있게 된다. 시어는 화자가 말하고자 하는 목적의식이 있는 말로 구성되어 있다. 우리가 '대나무'라고 할 때 일상어에서 의미는 '대나무'라는 한 사물을 말하는 것이지만 시에서 사용된 '대나무'는 그 지향하는 목적이 다르다. 즉 '절개'라는 전혀 다른 의미로 사용되고 있으며 화자가 말하고자 하는 목적어라는 것은 시인이면 누구나 다 아는 사실이다.

시조(시)가 그 가치를 인정받으려면 화자의 마음을 독자에게 잘 전달하는 데 있다. 즉 의미전달이 제대로 되어야 한다. 난해한 작품이 좋은 평을 받는 것은 아니다.

시조와 자유시는 어떻게 다른가. 시조는 자유시와는 다르게 형식이라는 구속을 받아, 문장 짜임새를 상당히 중요시한다. 3행으로 음수에 맞춰 지었다고 해서 모두 시조는 아니다.

시조의 매력은 구속됨에 있다. 자유시詩가 형식에 있어

자유방임을 허용한다면 시조時調는 절제를 요구한다. 그러므로 시조는 몇 가지 요구되는 정체성을 반드시 지켜야 자유시와 변별력을 유지할 수 있게 된다.

정체성正體性, Identity이라 함은 사전적 의미로 보면 "어떤 존재가 본질적으로 가지고 있는 특성을 말한다. 그러므로 시조의 정체성은 상당 기간 유지되어 전해오는 시조문학의 특징(문화유전인자 meme)을 말하는 것으로 이해할 수 있다."

시조를 자유시처럼 쓴다면 시조의 가치는 없어지며, 문학진흥법에서 구태여 시와 시조를 별도의 장르로 구분할 필요도 없게 된다.

근자에 와서 이를 제대로 이해하지 못하고 음수 또는 음보만 맞춰 3행으로 쓰면 다 시조가 되는 줄 알고 정체성을 무시한 작품을 별생각 없이 생산하고 있는 분들이 가끔 보이는 것은 참으로 유감스러운 일이다. 시조의 참 가치는 이 정체성에 있다고 필자는 생각한다. 시조시인의 존재감을 인식시키는 요소이다.

성철 시인은 시조를 오래 써 온 것은 아니지만 작품 전체를 살펴보면 시조의 유전인자meme가 분명하게 드러나 있음을 발견하게 된다. 즉 3장 6구 12절이라는 외형적 형식과 각 장의 독립성, 연결성, 완결성 또한 벗어난 것이 없다.

이제 문막의 아침나절 유유히 흐르는 섬강 변을 거닐며 시인의 노래를 들어보기로 한다.

II.

    초저녁 개밥별 떠
    서둘러 익힌 밤에

    산모퉁이 한갓지게
    봄꽃도 만발하면

    당신 곁 맴도는 마음
    하릴없이 병을 앓네

「화중지병花中之病」 전문

  '개밥별'은 금성을 일컫는 별칭이다. 후구에 '서둘러 익힌 밤에'라고 한 것은 아마 화자의 마음이 조급함을 나타내는 은유일 것이다. 초저녁에 개밥별이 평소와 다르게 일찍 떠서 유난히 반짝인다는 표현일 것이다. 제목에서 말하듯이 '화중지병花中之餠'은 그림의 떡이라는 의미의 말을 차용하여 화중지병花中之病, 즉 꽃을 보면서 임을 생각하는 일종의 '사랑병 또는 상사병'을 희언법戱言法으로 쓴 수사법이다. 산모퉁이에 봄꽃은 한갓지게 피어 있는데 임을 아무리 그리워해도 만날 수 없는 현실 속에서 애태우며 그리워하는 화자의 심정이 잘 나타난 작품이다. 우리는 젊었을 때 이 병을 앓지 않은 이가 거의 없다. 아무리 마음을 다잡아 보아도 달리 어찌할 방도가 없이 신열로 온몸을 태우게 되는 병을 앓던 기억이 새롭다. 예로부터 '봄을 탄다.'든지 '봄바람 난다.'든지 하는 말이 전해지고 있는 것을 보면 봄이란 계절은 '사랑병'이라는 팬데믹으로 애가 타는 계절이다.

산 물든
선홍 빛깔
임 눈동자 머물다가

살굿빛
볼을 타고
입술 붉게 적시고는

수줍은
내 가슴 들어
온 가을을 불 지르네

「단풍 불」 전문

가을 산을 태우는 것은 불[火]이 아니라 단풍丹楓이다. 불은 산을 태우지만 '단풍'은 사람의 마음을 태운다. 불[火]은 물로 끌 수 있지만, 마음에 타는 불은 물로 끌 수 없다. 마음의 불은 사랑으로만 끌 수 있다. 중장의 "살굿빛 볼을 타고 입술 붉게 적시고는"은 마치 그림을 보는 느낌이다.

사랑하는 임의 볼은 상기되어 살굿빛 같은데 볼을 타고 흘러내려 입술마저 붉게 적신다는 표현은 사뭇 선정적이다. 그 볼이, 그 입술이 가슴을 파고들면 천하의 화담花潭이라 할지라도 흔들리지 않을 수 없을 것이다.

종장에서 '온 산을 불 지른다'고 하지 않고 '온 가을을 불 지른다'고 한 것도 낯설게 하기의 하나이다. 화자의 마음은

가을 내내 타고 있었을 테니까

> 그대 품 안기어서 앞가슴을 열고파요
> 가슴에 귀를 대고 심장 소리 듣고파요
> 나만큼 천둥 치는지 나도 몰래 알고파요
> 　　　　　　　　　　「알고파요」 전문

　이 작품은 각 장 후구 말미를 "파요"라는 시어를 두어 각운을 살려낸 작품이다.
　각운은 자칫 별개의 문장이 되기 쉽다. 위 문장도 각 장을 하나씩 놓고 보면 별개의 문장이 되어 시조에서 요구하는 장의 연결성이 없는 듯 보인다. 그러나 제목이 '알고파요'이기 때문에 의미상으로 보면 연결성이 유지되고 있다고 보아야 한다.
　각운脚韻은 음률을 강조하기 위하여 운문의 시행 끝에 배치하는 동일한 운韻의 음音 배열이기 때문에 달리 쓸 방도가 없다.
　작품의 속을 들여다보자. 사랑하는 임의 가슴에 귀를 댈 때 요동치는 심장 소리가 나만큼 치고 있는지 알고 싶다는 얘기는 역설적이지만 나만큼 사랑하는지 확인하고 싶다는 화자의 물음이다. 사랑이란 말은 그 실체를 알 수 없다. 그래서 구체성이 떨어진다고 하여 시어로 적절치 않다는 얘기도 있으나 이 말은 이미 기호화돼버린 말이다. '사랑'을 대신할 구체적 언어를 찾아내기란 매우 어렵다. 프랑스의

플로베르는 하나의 대상을 나타낼 수 있는 가장 정확한 말은 하나밖에 존재하지 않는다고 했다. 일사일언一事一言이다. 시조에 담기는 감정이 말의 힘을 빌려 그 존재가치가 나타나기 때문이다.

된바람 휘몰아쳐
얼어붙은 창가 너머

싸늘한 둥근 달빛
베갯머리 스미어도

불살라 식지 않는 정
누가 이리 지폈나

임 향한 그리움에
밤새도록 꽁꽁 묶여

사색四塞한 한밤중을
잠 잊고 누운 양이

첩첩 산 홀로 쓴 무덤
드러누운 모습이리

「사색지정四塞之情」 전문

이 작품에도 화자의 답답한 심정이 그대로 드러난다.
　꽉 막힌 사방에 둘러싸여 있는 화자의 심정이 오죽하면 첩첩 산 홀로 있는 무덤에 누워있는 모습이라고 표현했을까? 사랑하는 임 생각에 잠 못 이루는 화자의 심정을 충분히 잘 살려 지어낸 작품이다.

성철 시인의 주제의 특징 중 하나는 사자성어를 차용한 한자어로 신조어를 만들고 이를 제목으로 달아 독자에게 다가가고 있는 점이다. 예를 들면 是夜將牛, 耆舊冬柏, 花中之病, 四塞之情, 客窓寒燈, 纖纖初月, 洛花冬柏, 百世淸風 같은 주제들이다. 시조를 지으면서 늘 고민하는 것이 제목 정하기이다. 일반적으로 제목은 주제, 중심소재, 이미지 등을 살려 제목으로 달기도 하지만 전혀 엉뚱한 제목을 달기도 한다. 요즘 현대시조의 추세는 한자어로 된 무거운 말들을 우리말로 순화하여 사용하는 경향이 짙다. 우리의 말 중에 한자어로 된 말이 너무 많아 과거 권위주의 시대에는 이 한자어를 많이 써야 지식인층에 낄 수 있다고 생각했으나 지금은 다르다. 오히려 외래어를 더 많이 섞어 쓰기를 즐기더니 요즘은 아예 앞글자만 조합해 만든 줄임말이 대유행하고 있다. 그렇다 하더라도 시조에서는 이런 시어를 현대적 감각에 맞춘 것이라며 애용하기에는 좀 이른 것 같다. 시조는 우리 말과 글로 된 전통적 문화이므로 이를 지켜내려고 노력을 할 때 시조의 세계화는 가능해지리라 본다.

  옛길을 걸어가나
  그날은 가고 없고

  기다림 설레어도

그대는 거기 없어

두 볼에 흐르는 눈물
닦을 일도 없어라

「옛길을 걸어가니」

　이 작품은 정완영 시인의 "고향은 거기 없고"라는 작품을 떠올리게 한다. "고향에 내려가니 고향은 거기 없고/고향에서 올라오니 고향은 거기 있고/흑염소 울음소리만 내가 몰고 왔네요."라고 노래한 노 시인이 생각난다.
　소중했던 추억 속에 그날은 생생한데 사랑하던 임은 거기에 없다. 다만 화자의 귀에는 임의 음성이, 눈에는 고운 미소가 살고 있지만 들을 수 없고 볼 수 없다. 그래서 양 볼에 눈물이 흘러내려도 애틋한 눈빛으로 봐 줄 이 없으니 또한 닦을 필요도 없다.
　이 작품 역시 각운을 두고 더욱 효율적인 운율을 살려내고 있다. 초장 후구 '없고,' 중장 '없어', 종장 '없어라'처럼 마감하여 시조의 리듬을 잘 살리고 있음을 발견하게 된다. 시조에서 압운을 두어 창작을 하기는 쉬운 일이 아니다. 시조가 애당초 노래와 한 몸으로 탄생하였기에 이 운韻, rhyme은 자연스럽게 생겨나지만, 과거 서양 시에서는 두운, 요운, 각운을 매우 중요시하였다.

막바지 갈바람이 벚나무를 흔들어도
빈 가지 의지한 채 끝까지 남은 두 잎

서로를 걱정하느라
제 아픔은 몰라라

메마른 하얀 구름 허공으로 잠겨 들어
잎자루 지탱한 채 뒤틀려 야위어도
넋 내려 사라지기 전
같이해서 다행이다

「마지막 두 잎새」

이 작품을 감상하다 보면 노년기의 어느 부부를 연상케 한다. '두 잎새'를 의인화하였기 때문이다. 자식들 성장하여 뿔뿔이 흩어지면 결국 두 노인만 남게 되어 얼마 남지 않은 여생을 서로 의지하며 살아가게 된다. '갈바람', '빈 가지', '두 잎', '서로 걱정', '야위다', '넋 내리다.', '같이 하다'와 같은 시어들을 끌어들여 노년의 삶을 더욱 외롭고 쓸쓸하게 만든다. 어찌 보면 하늘의 뜻이기는 하지만 빈 가지에 달린 외로운 잎새처럼 너무 허무한 삶이 우리 인생일지도 모른다.

　화자는 둘째 수 종장 후구를 '같이해서 다행이다.'라고 말하고 있는데 노후에 서로 의지할 반려자가 있다는 것은 큰 축복이다.

　화자는 '넋 내려'라는 표현으로 '죽다'라는 말을 대신하고 있는데 아마 이런 표현이 <낯설게 하기>가 아닐까 한다. 화자처럼 시어의 <낯설게 하기>는 한 시어가 내포하고 있는 인접성에서 찾아 써야 하며 이런 표현을 만들어 내는 노력은 시인 스스로 해야 한다.

> 놓인 연緣 한恨이 될까
> 얽힌 가지 더 얽으며
>
> 뿌리는 달랐어도
> 하나 될 운명으로
>
> 서로를 부둥켜안고
> 허공 틀어 오르네
>
>
> 묶인 정情 한恨이 될까
> 간절하게 손 내밀어
>
> 가슴에 무덤을 파
> 둘에서 하나 되니
>
> 떼려야 뗄 수 없는 몸
> 비익조比翼鳥*가 날아드네
>
> *백거이 '장한가長恨歌'

「연리지」 전문

연리지連理枝는 남녀 간의 애틋한 사랑을 표현하는 하나의 기호이다. 뿌리는 서로 다르지만 사랑 앞에서는 별문제가 되지 않는다. 그 유명한 '로미오와 줄리엣'을 떠올리게 하는 작품이다.

우리는 사랑 때문에 죽고 사는지도 모른다. 가끔 지상에 뉴스거리로 나오는 기사를 접할 때면 이 '사랑'이란 것이 도대체 무엇이기에 소중한 목숨마저도 주저 없이 버리는지 참으로 묘한 이치가 그 말에 숨어 있다고 본다.

백거이의 '장한가'에 나오는 비익조는 날개가 하나뿐이어서 암수가 서로 만나야 날 수 있는 새이다. 연리지 사랑도 애절한데 그 연리지를 찾아 '비익조'까지 날아드는 모습은 더욱 애틋하다.

요즘 세태를 보면 이혼하는 것을 다 떨어진 신발 버리듯 한다. 너무나 쉽게 사랑을 버린다. 부부의 정은 하늘이 맺어주는 인연이다. 연리지나 비익조에 비길 바가 아니다.

이 작품을 통하여 화자는 무슨 말을 하고 싶은 걸까? 단순히 애틋한 '사랑'만을 말하는 것은 아니다. 나무도 사랑을 위해 가슴에 무덤을 파는데 하물며 사람이야 어떻겠는가? 죽는 그 날까지 우리도 서로의 가슴을 맞대어 핏줄을 바꿔 잇고 너와 내가 하나 된 모습으로 변치 말고 살아가라는 부부의 인연을 강조하고 있는 것이다.

맨 연기 콜록대며
아궁이 앞 쪼그려선

희나리에 불 댕기면
찌개도 같이 운다

배곯은 자식들 위해

타고 있는 넋이던가

　　　　　　　　　　「아궁이에서」

　이 '아궁이'라는 시어에 필자는 상당한 친근감을 느낀다. 겨울이면 아궁이에서 잉걸불을 꺼내다가 화로에 담아놓고 감자나 고구마를 구워 먹던 추억이 요즘도 가끔 떠오른다. 아궁이는 배를 채워주는 도구이며 간식거리를 만들어 먹는 열기구이기도 했다. 덜 마른 나무가 탈 때면 쏟아지는 연기 때문에 눈물깨나 흘렸던 기억도 있다.

　우리의 어머니들은 이 아궁이 앞에서 울기도 많이 했을 것이다. 말하자면 마음 놓고 맘껏 울 수 있는 장소이기도 했다. 시어머니의 호된 시집살이에 연기를 핑계로 아궁이 앞에서 맘 놓고 울었을 것이며, 남편의 외도에도, 친정 식구가 그리울 때도 그 속내를 들키지 않으려고 아마 아궁이 앞에서 울었을 것이며, 화자의 노래처럼 배곯는 자식들의 허기를 빨리 달래주려고 덜 마른 땔감을 후후 불어가면서 또 울던 그런 장소였다. '아궁이'는 인도지역에서 유래된 말이라고는 하지만 어찌 되었건 우리의 어머니들과 그 애환을 함께해 온 정겨운 말이다. 아궁이는 여인에게 꼭 슬픈 것만도 아니었다. 경사에는 기쁨과 행복을 티 내지 않으려고 울던 장소이기도 했다. 이런 아궁이가 현대화과정에서 점차 사라지고 있어 필자 같은 촌사람한테는 좀 서운한 일이기도 하다.

깊게 팬 주름처럼
얼기설기 얽은 줄에

종이 묶음 떨어질까
손수레도 느릿느릿

불룩한 밥 한 사발을
굽은 등이 끌고 간다

「어떤 수레」 전문

  이 작품은 어느 노인이 폐지를 모아 손수레에 싣고 가는 모습을 그린 단순한 작품으로 보일지 몰라도 깊게 팬 아픈 상처가 여실히 드러나 있다. 주인공은 IMF 때 실직을 하고 생계를 꾸려가기 위해 살아가거나, 아니면 코로나 팬데믹으로 영위해 오던 자영업을 포기하고 가족의 생계를 위해 이런 일을 하고 있는지도 모르겠다. 어찌 되었건 국가는 개인의 삶을 보장하지 않는다. 입으로는 천국을 말하면서 실제는 지옥 속을 미리 맛보게 하는 당국자들의 공약이 야속하기도 할 것이다. 위정자들이 자기 배를 불리는 데는 익숙하지만, 백성의 허기진 배는 보이지 않고 선거철만 되면 떠다니는 가짜 표 구하기에 몰두해 살고 있다. 선거철만 되면 떠드는 수많은 공약空約을 공약公約으로 내건 입들, 그들은 진정 이 노인이 끌고 가는 수레를 단 한 번만이라도 밀어준 적이 있었던가? 손수레에 짐을 잔뜩 싣고 가는 모습을 흔히들 거북 등 같다고 하지만 성철 시인은 '불룩한 밥 한 사발'이라고 표현한 것도 이미 기호화된 언어를 재사용하지 않겠다는 의미로 보인다. 초장에서 '얼기설기' 묶은 모습을 '깊게 팬 주름'이라고 비유한 것으로 보아 종장에서 사용한 '굽은 등'은 노인일 것이라는 짐작하기에 충분하다.

　　봄 들임 게을러져
　　마당 꽃도 느려지자

　　아기새 지저귀며
　　애를 태워 재촉하고

　　불청객 잡초만 홀로
　　주인 눈치 살핀다

「게으른 봄 마당」

이 작품은 제목부터 재밌다. '게으른'이라는 형용사는 주로 사람한테 쓰는 말이다. 더구나 자연현상이나 무생물에는 사용치 않은 말임에도 불구하고 '봄 마당'을 꾸며주는 말로 사용한 것도 퍽 인상적이다. 봄이라는 계절은 삼라만상이 깨어나는 계절이다. 봄은 사람의 마음에도 불을 지른다. 속담에 '봄바람 난다'라는 말이 있듯이 누군가 그립고 사랑하고 싶고 어딘가에 꿈꾸며 동경하던 미지의 세계가 자기를 기다릴 것 같고, 그래서 마음이 들뜨게 되는 계절이다. 이처럼 만물이 달뜨는 봄은 왔지만, 마당 가에 봄꽃은 봄이 온 줄 모르는지 기척이 없어 화자의 마음을 애태우고 있다. 오죽하면 새들이 지저귀는 소리까지도 봄맞이를 재촉하는 소리로 듣고 있을까. 새들이 찾아와 지저귀는 것을 화자는 봄을 알리는 신호라고 느끼고 있다. 눈 뜨길 바라는 꽃은 감감무소식인데 원치 않는 잡초는 부른 적도 없건만 일찍 서둘러 나와 혹시나 뽑혀버리지 않을까 주인의 눈치만 보고 있다는 발상이 재밌다. 화자가 이런 노래를 한 것은 봄이 오면서 생기는 자연현상을 말하려고만 했을까? 아마 화자가 말하고 싶은 것은 농사는 모두 때가 있는 법이니만큼 서둘러 농사 준비를 하라는 자신에 대한 재촉이 아닐까?

>외진 골 홀로 박혀
>밀짚모자 움켜쥐고
>
>명이에 당귀 따며
>한가로이 즐기려니
>
>어느새
>닥쳐온 백발
>노을빛에 간당이네

「백발」 전문

자기 일에 최선을 다하며 부지런히 산다는 것은 의무이며 도리이다. 시인 역시 잘 나가는 기업에서 역사의 주인공으로 열심히 살았을 것이고 많은 이의 존경도 받았겠지만, 세월은 그를 그냥 두지 않는다. 언젠가는 맞닥뜨려야 할 정년이란 벽이 그 앞에 불현듯 나타나서 더는 앞으로는 못 가게 만든다. 봉급쟁이의 비애일 수도 있겠으나 이는 거스를 수 없는 현실이다. 시인 역시 정년을 맞이하고 시골에 새 터전을 마련하면서 자연과 더불어 유유자적하는 모습이다. 그런데 어느 날 거울을 보고 자신도 모르게 깜짝 놀라는, 시간이란 존재를 대면하게 되면서 시간은 그에게 과거가 아닌 현실 속의 자신을 보라고 한다. 자기는 늘 그 자리에 있는데 백발을 쓴 시간이 와서 그의 검은 머리를 하얗게 물들여 놓고 있는 것이다.

시인은 '노을빛'과 '간당인다'는 두 시어를 끌어들여 더욱 극적인 묘미를 더하고 있다. '간당인다'라는 말에는 '거의 다하여 얼마 남지 않았다.'라는 의미가 있는데 여기서 시인이 말한 의미는 살아갈 날이 아슬아슬하게 목숨에 붙어 있다는 표현으로 읽힌다. 슬프고 안타까운 일이긴 하지만 이를 반전시켜 희망적인 표현을 함으로써 독자에게 긍정적 삶을 살도록 격려해 주는 것도 시인의 역할 중 하나가 아닐까 하는 생각을 해본다.

박물관 화단 아래
너른 잎 살짝 드니

작은 종 줄을 세워
흔드는 은방울꽃

에밀레 먹고 자라난

구도 소리 애달프다
　　　　　　　　　　「은방울꽃」 전문

　이 작품은 <경주박물관에서>라는 부제가 달린 것으로 보아 아마 경주박물관 정원에 핀 은방울꽃을 보고 지었음을 암시하고 있다.
　작가의 상상력이 매우 돋보이는 작품이다. 에밀레종 소리를 먹고 자란 구도 소리를 들을 수 있는 귀는 시인만이 가지고 있다. 에밀레종에 대한 전설은 누구나 아는 얘기지만 매일 애달픈 그 종소리를 듣는 은방울꽃이 마치 작은 에밀레종처럼 보인다. 에밀레종 속에 들어있는 어린애의 영혼이 은방울꽃으로 다시 태어났다는 상상이 담겨 있다.
　이 작품에서 눈여겨볼 구절이 있다. 우리는 일반적으로 '소리'는 청각이므로 '듣는다'라는 생각을 먼저 하게 되지만 시인은 이 소리를 '먹는다', 또는 '구도 소리 애달프다.'라고 <낯설게 하기>를 하고 있다. 자유시에서는 이런 작법作法을 서정주의 <자화상>, 김춘수의 <나의 하느님> 또는 오규원의 시에서 쉽게 찾아볼 수 있지만, 과거 우리 시조에서도 이런 작품을 찾아볼 수 있다. 황진이의 '청산리 벽계수'가 대표적이다.
　메타포metaphor가 성립되면 본의本義와 유의類義가 결합하여 새로운 이미지를 만들어 낼 수 있다. 쉽게 말하면 보조관념으로 본 관념을 대신한다는 말이다. 예를 들면 '시계바늘이 정오를 가리킨다.'라는 관념적 표현이고 '시계가 정오를 읽는다.' 하면 <낯설게 하기>로 한 표현이다. '읽는다'는 보조관념이고 본 관념은 '가리킨다(알린다.)'라는 말이 된다. 메타인지meta-cognition는 상상력과 창의력이 발달한 사람일수록 뛰어나다고 한다. 이런 작품은 공간적 인접성과 논리적 인접성을 염두에 두면 누구라도 도전해 볼 수 있는 작법이다.

> 쓸쓸한 네 하루가 문득문득 스치는데
> 무덤 위 쑥 뿌리는 왜 그리도 부여잡나
> 네 미소
> 제비꽃에 보여
> 차마 뽑지 못했네
>
> 「산소에서」 중 셋째 수

이 작품은 친구의 무덤에서 느낀 소회를 쓴 시조이다. 죽은 자의 하루도 산자의 하루와 같다는 논리이다. 쓸쓸한 무덤에 살고 있는 하루라고 산자의 하루와 다를 게 없다. 그래서 화자는 무성한 쑥 뿌리(산자)가 무덤(죽은 자의 거처)를 부여잡고 놓지 못한다고 말하고 있으나 실은 화자 자신이다. '쑥'은 보조적 역할을 할 뿐이다. 그래서 화자는 종장에서처럼 친구의 미소를 한 송이 꽃에서 발견하고 친구의 미소로 보여 차마 뽑아내지 못했다고 하소연하고 있다. 친구의 무덤에 살고 있는 제비꽃이지만 그것은 단순히 하나의 꽃이라는 사물이 아니라 친구의 미소인 것이다. '뽑지 못했다'라는 표현은 아마도 정을 뗄 수 없다는 화자의 마음이 아닐까.

  이 작품은 평범하게 친구를 그리는 정쯤으로 생각할 수도 있으나 그보다는 메타시조meta sijo에 가깝다고 보아야 한다.

  현대시조를 짓는 작가들은 고릿적 사고를 넘어 현대적 감각으로 새로운 창작법을 도출해 내야 시조단의 발전이 있다.

> 시냇물 기는 소리
> 머리맡에 베고 자면
>
> 물소리 옛말대로
> 한밤중이 그윽하다
>
> 내일은 물가로 나가
> 세상 때나 닦으리
>
>
> 땀으로 젖은 옷을
> 시냇물에 담궈 내면
>
> 쏟아진 그늘 잠에
> 한나절이 건너간다
>
> 이태백 버린 산월山月은
> 언제부터 날 따랐나
>
>   「시냇물」 전문

이 역시 <낯설게 하기>를 시도한 작품으로 메타시조에 가깝다.

첫수 초장에서 '기어가다', '머리맡에 베고 자다' 둘째 수에서는 '한나절이 건너간다', '이태백이 버린 산월' 등등

첫수 초장에서 '물소리를 베고 자면'이라는 표현이 신선하다. 더운 여름날 나무 그늘에 들어 흘러가는 물소리를 들으며 낮잠을 즐긴다는 얘기를 잘 표현한 작품이다. 인접성에서 찾아낸 환유이다. 둘째 수 중장에서 '한나절이 건너간다.'라고 <낯설게 하기>를 하였다. 시간은 지나가는 것이지만 시인의 입장에서 보면 한나절이 건너가는 것과 똑같다. 종장에서 이태백이 버린 산월山月은 그의 시 "暮從碧山下, 山月隨人歸"에서 인용한 시구詩句로 '이태백이 버린 산하'라는 표현이 매우 재미있다. 이런 구절 하나 찾아내는 맛에 고뇌하면서도 시조를 짓고 또 짓는 게 아닐까.

이런 좋은 시구는 차용을 해도 출처만 밝히면 문제가 없다고 본다. 화자는 "이백의 시에서 인용"했다는 점을 밝히고 있으나 '산월'은 일반 명사로 누구나 사용할 수 있는 시어임에도 출처를 밝힌 것은 그만큼 당당하게 살고 싶다는 솔직한 표현이다.

종장 후구에서 '언제부터 날 따랐나' 하고 말하는 것은 정말 참신하다. 이백 만큼은 아니더라도 나도 풍월을 노래하며 자족自足하고 있으니 시선의 경지에 이른 그가 부럽지 않다는 에둘러 하는 표현이 범상치 않다.

Ⅲ.

　지금까지 성철 시인이 구축해 놓은 『사랑, 그 영원의 순간이여』를 감상하였다.
　시는 살아온 환경에 따라 사물을 보는 느낌도 다르게 되며 그 사람의 사상과 관념에 따라 작품에 반영되는 이미지도 다르게 나타나게 마련이다. 성철 시인의 작품에 반영된 이미지는 순수하여 서정성이 돋보인다. 또한, 투영된 인간 내면세계를 잘 그려낸 데다 농촌에 사는 순박함이 고스란히 배어 있다.
　농부가 노력의 대가만큼 풍성한 수확을 소망하듯이 성철 시인은 자연에서 보고 느끼는 심상을 화려하거나 의도적으로 꾸민 옷을 입히지 않고 아침이슬처럼 투명한 서정의 미학을 독자들에게 선보인다.
　성철 시인의 작품은 고서古書의 곰팡이 냄새가 나지 않는다. 말하자면 막 나온 조간朝刊처럼 잉크 냄새가 난다. 말 그대로 법고창신法古倉新이다.
　많은 시조시인들이 시조는 정체성을 지켜야 하고 현대적 감각으로 지어야 한다고 말은 하면서도 실제 생산해 내는 작품을 보면 그렇지 않다는 점을 많이 발견하게 된다. 시조 역시 시대의 변천에 따라 변해야 하지만 정체성이 흔들려서는 안 된다고 보는데 성철 시인의 작품을 감상하면서 느낀 점은 뭔가 꼭 집어낼 수는 없지만, 그 시어의 사용이 퍽 신선하다는 느낌이다. 작품 대부분이 알게 모르게 고

시조 풍이 조금씩 들어가 있는데, 성철 시인의 작품에서는 전혀 그런 것을 발견하지 못했다. 이처럼 시인의 시 세계는 개성과 독창성이 잘 드러나 있어 시조의 장래를 밝게 하고 있다.

다시 한번 첫 시조집 상재를 축하드리며 앞으로 남다른 감성과 사물을 보는 혜안으로 좋은 작품을 많이 생산하여 시조단의 장래를 밝게 이끌어주기 바라는 마음뿐이다.

「원주 거돈사지」 작품평
제12회 《시조사랑》 신인상 심사평 중에서

부론길 천년사지 굽이 따라 들어서면
천년 된 느티나무 기울어 쓰러질 듯
눈 익은 삼층석탑만 빈 절터에 우뚝하다

바위 옷 돌계단이 옛 영화를 보여주나
황량한 금당터엔 주춧돌만 남아 있어
강당터 큰스님 설법 허공으로 떠돈다

비운의 국사탑은 허물어져 한성 가서
연꽃문紋 거북등 위 천년 용은 갈 곳 잃고
쓸쓸히 승묘탑비만 탑이 없어 애탄다
「원주 거돈사지」 전문

성철의 「원주 거돈사지」: 이 작품은 불에 타 소실된 원주 거돈사지의 황량함을 감각적으로 묘사한 세 수로 된 연시조이다. 거돈사지는 강원 원주시 부론면(富論面) 정산리(鼎山里)에 있는 신라 말~고려 초의 절터로 임진왜란 때 소실되었다. 사지에는 금당지와 불좌대가 남아있는데 주초

석들의 배치상태로 보아 큰 규모의 불전이 있었던 것으로 보이며, 삼층석탑(보물 제750호)과 고려 현종 16년(1025)에 건립된 원공국사 승묘탑비(보물 제78호) 등이 남아있다.

첫수는 쓰러질 듯 위태하게 서 있는 천년의 느티나무와 눈에 익은 삼층석탑이 이곳이 절터였음을 관념적 진술 없이 사물을 제시함으로써 담담하게 풀어내고 있다. '관념적 진술'이 없다는 말은 대상을 논리적 사유로 독자들에게 이해시키려 하지 않고 감성적으로 느끼게 하고 있음이다. 둘째 수 초장에서 '바위옷 돌계단'은 불자들의 발길이 끊긴 역사가 오래된 옛 절터임을 비유적으로 드러내고 있으며, 중장에서는 주춧돌만 남아있어 옛 영화는 찾아볼 수 없는 황량한 절터였음을, 종장에서는 그 옛날 큰스님의 설법이 허공에 떠돈다고 함으로써 작가의 시적 대상을 보는 관점과 상상력이 범상치 않음을 알 수 있다. 셋째 수에서 '국사탑이 허물어져 한성 갔다'라고 함은 국사탑(원공국사승묘탑)이 보물 제190호로 지정되어 현재 경복궁에 보존되어 있음을 의미하며, 중장에서 '연꽃문(紋) 거북등 위 천년용은 갈 곳 잃고'는 거돈사지의 탑비 받침돌을 보지 않고서는 느끼기 어려운 대목이다. 이는 연꽃문늬 거북받침돌의 거북 머리가 용의 머리 모양을 하고 있음을 두고 한 말이며, 종장 후구 '탑이 없어 애탄다'는 탑 없는 탑비만 남은 안타까움을 '애탄다'라고 은유하고 있다. 작가는 단순히 형상의 세밀한 관찰을 묘사하는데 그치지 아니하고 초장 후구 '한성 가서', 중장 후구 '갈 곳 잃고', 종장 후구 '애탄다'라고 표현하고 있음은 결코 예사롭지 않다. 상상력을 확장하여 언어 조탁의 기능을 백분 발휘하고 있음을 눈여겨볼 수 있다. 3장 6구의 정형을 잘 유지하고 있으며, 각 수마다 독립성, 완결성, 연관성을 유지하고 있는 수작이라 하겠다.

■ **성철**

본명: 유성철
충남 예산 출생, 고려대학교 졸업.
서울 영등포구와 송파구에 거주하다 2017년 강원도 원주 문막에 둥지를 틈.
《시조사랑》(2020) 시조 등단, (사)한국시조협회 신인상 수상.
(사)한국시조협회 및 (사)원주문인협회 회원
시집 : 『닻별』(2019)

사랑 그 영원의 순간이여

1판 1쇄 발행 2021년 9월 22일

지은이 | 성 철
펴낸곳 | 열린출판
등록 | 제 307-2019-14호
주소 | 서울특별시 서대문구 통일로48길 13, 201호
전화 | 02-6953-0442
팩스 | 02-6455-5795
전자우편 | open2019@daum.net
디자인 | SEED디자인
인쇄 | 삼양프로세스

ⓒ 성철, 2021
ISBN 979-11-91201-12-3 03810

*책값은 뒤표지에 표시되어 있습니다.
*저자와 협의하여 인지를 생략합니다.